Courrier de la Cour[...]

pour sa majesté,
empéreur des France
et Roi d'Italie.

DISSERTATION

SUR L'EXPÉDITION

DU CONSUL SUÉTONE PAULIN

EN AFRIQUE,

*Et sur le Fleuve Niger de Pline,
ou le Nigir de Ptolomée.*

PAR P. A. LATREILLE,

Correspondant de l'Institut, de la Société
Linnéenne de Londres, de celle des Natura-
listes de Moscow, etc.

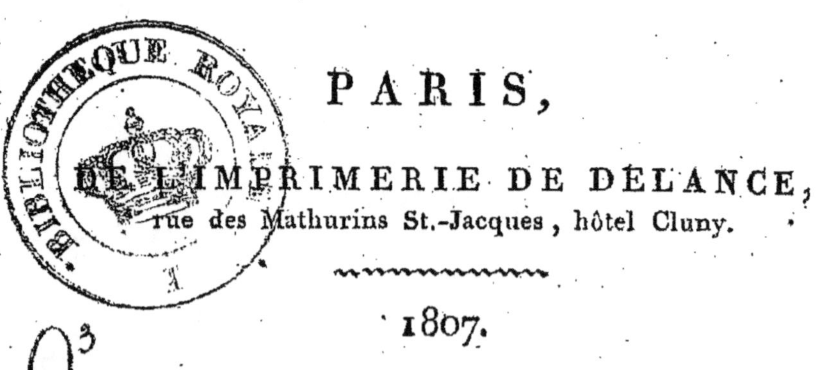

PARIS,

DE L'IMPRIMERIE DE DELANCE,
rue des Mathurins St.-Jacques, hôtel Cluny.

1807.

DISSERTATION

Sur l'Expédition du Consul SUÉTONE PAULIN en Afrique, et sur le fleuve NIGER de Pline, ou le NIGIR de PTOLOMÉE.

———

PLUSIEURS savans avoient déjà pensé qu'il falloit restreindre les idées généralement reçues sur l'étendue des connoissances géographiques des Anciens, surtout relativement à l'Afrique. Mais leur opinion, quoique bien motivée, n'a eu encore pour elle qu'un petit nombre de partisans. L'Auteur d'un ouvrage récent, très-recommandable d'ailleurs par l'abondance des recherches, par son érudition et des idées ingénieuses, la *Géographie physique de la Mer Noire, de l'intérieur de l'Afrique et de la Méditerranée,* semble même à cet égard prêter aux Anciens plus de lumières qu'on ne leur en avoit accordé. Je ne me propose pas ici de chercher à résoudre une difficulté d'un sujet aussi vaste, et qui effraieroit le Géographe le plus consommé. C'est au célèbre M. Gosselin, dont les études se dirigent plus particulièrement sur cet objet de controverse, qu'il est réservé de fixer nos incertitudes dans une matière scientifique aussi épineuse, et de nous dire où s'arrêtèrent et les conquérans et les navigateurs de l'antiquité. Le Consul Romain Suétone Paulin s'est-il avancé, dans son expédition d'Afrique, jusqu'au *Niger* des modernes, comme on le prétend dans l'ouvrage que je viens de citer, page 110? Quel étoit le fleuve Niger de Pline? Telles sont les deux points que je soumettrai à la discussion. Si je n'adopte pas le sentiment le plus accrédité, ne croyez pas que ce soit par un esprit de système. J'ai toujours été, et je serai toute ma vie pénétré d'une profonde vénération pour nos maîtres dans les sciences, ceux qui nous frayèrent la carrière avec tant de pénibles efforts. Je sais que de nos jours on oublie trop communément la justice et la reconnoissance qu'on leur doit ; que pour aspirer à la renommée, l'on fronde les autorités les plus respectables. Abandonnons ces hommes téméraires et ingrats à la vengeance de la postérité.

Les réflexions que je vais présenter, sont en quelque sorte des doutes dont je demande l'éclaircissement. Je les propose, parce que je suis convaincu qu'ils sont fondés. Si je me trompe, j'aurai du moins contribué à raffernir l'opinion générale, à lui acquérir par mon opposition quelque nouveau degré de certitude, et mes écarts même seront avantageux à la science.

PREMIÈRE PARTIE.

De l'expédition du Consul Suétone Paulin en Afrique.

Pline l'ancien nous a donné quelques renseignemens sur les conquêtes du Consul Suétone Paulin en Afrique; mais ce qu'il nous en rapporte, nous autorise-t-il à croire que ce général Romain a pénétré jusqu'au Niger ou Joliba, ou plutôt, comme on le suppose, jusques dans les pays situés entre les sources du fleuve du Sénégal, de celui de la Gambie, et de la rivière Joliba : c'est ce que nous allons examiner.

Lorsque je réfléchis aux difficultés qu'ont à vaincre pour traverser l'immense désert de Sahara de simples caravanes, formées des naturels du pays, instruits des localités, accoutumés par une longue habitude à supporter les chaleurs excessives de ces climats et les privations les plus fortes, j'éprouve, je l'avoue, une grande répugnance à me persuader qu'une armée, ou du moins un corps de troupes assez considérable, ait pu, même avec de bons guides, franchir tant d'obstacles ,. et mon imagination effrayée réclame, pour se rassurer, des autorités bien positives. Je me dis encore : comment les Romains, si jaloux de leur gloire, n'ont-ils pas laissé à la postérité des monumens historiques qui perpétuassent le souvenir d'une expédition si propre à les illustrer ? Je consulte presque vainement leurs annales ; Pline est le seul qui m'éclaire à cet égard : traduisons littéralement son passage.

« Suétone Paulin, que nous avons vu Consul,
» est le premier des généraux Romains qui se
» soit avancé au delà de l'Atlas de quelques
» mille pas, *aliquot millium spatio.* Ce qu'il
» raconte de la hauteur de cette montagne ne
» diffère point des autres récits. Il nous dit que
» ses racines sont chargées d'épaisses et hautes
» forêts, et d'arbres inconnus ; que ces arbres
» sont remarquables par leur élévation, leur
» écorce unie et sans nœuds ; que leurs feuilles
» ressemblent à celles du cyprès, et par leur
» figure et par une odeur forte ; qu'elles sont
» couvertes d'un duvet très-fin que l'on pour-
» roit employer pour les vêtemens comme le
» *Bombyx.* Il nous a appris que la cime de

» cette montagne est couverte, même pendant
» l'été, d'épaisses couches de neige ; qu'il y
» parvînt au dixième campement, qu'il passa
» outre, et se porta jusqu'au fleuve appelé *Ni-*
» *ger*, à travers des solitudes d'une poussière
» noire, où s'élèvent par intervalles des pointes
» de rochers qui sont comme brûlés (1); que
» ces lieux, à raison de la chaleur, sont inha-
» bitables, même dans l'hiver, ainsi qu'on l'a
» éprouvé. » *Hist. Nat.*, *liv. 5*, *chap.* 1.

Il est facile de présumer que le principal
fondement de l'opinion où l'on nous donne le
Joliba ou le *Niger* des modernes pour le *Niger*
de Pline, repose sur une identité de noms :
d'abord on lit dans quelques manuscrits de cet
auteur *Ger* au lieu de Niger ; mais ensuite
ignore-t-on que de semblables conformités nomi-
nales ont donné lieu en Géographie à plusieurs
fausses applications. A la rigueur, si Pline n'étoit
entré dans aucun détail sur la marche du Consul
Suétone Paulin, s'il se fut borné à nous dire qu'il
vint jusqu'au fleuve *Niger*, l'induction tirée
de cette ressemblance de noms offriroit, au

______

(1) Léon l'Africain nous apprend que le château
d'Ummhelhefen, près de Sisjilmessa, a ses murailles
construites avec des pierres si noires, qu'elles ressemblent à du charbon.

premier aperçu, quelque chose de spécieux. Mais la narration de cet Historien écarte même cette conjecture.

Le général Romain n'atteint l'Atlas qu'au dixième campement, et il paroît presqu'aussi-tôt sur les bords du *Niger*; si ce Niger est le Joliba, Suétone Paulin aura traversé deux fois la Libye inférieure ou l'Ethiopie occidentale, c'est-à-dire, qu'il aura franchi avec ses soldats, en bravant une foule de périls de toute espèce, le plus affreux et le plus vaste désert connu, dont l'extrémité méridionale, confinant au *Niger*, est éloignée de l'Atlas d'environ 450 lieues, sans que Pline, qui travailloit sur les mémoires de ce chef d'armée, et qui nous rend compte du nombre de ses campemens, ne nous ait instruit en aucune manière de l'entreprise la plus étonnante et la plus mémorable de son expédition, entreprise unique dans l'histoire.

Ce silence paroîtra très-naturel, si le général Romain n'a point traversé le désert de Sahara, et si dès-lors son expédition rentre dans la série des faits ordinaires. Or la négative est démontrée par ces paroles de Pline, si formelles et si décisives. « Suétone Paulin est le pre-» mier des généraux Romains qui se soit avan-» cé au delà de l'Atlas de quelques mille pas,

« *aliquot millium spatio.* » Voilà les bornes de ses conquêtes et de sa course, quelques milles pas au delà de l'Atlas; donnez au sens de ce passage de Pline la plus grande extension dont il soit susceptible, vous ne pourrez pas supposer que le Consul Romain ait dépassé de plus d'une vingtaine ou d'une trentaine de lieues cette chaîne de montagnes, et nous serons encore bien loin du Niger; nous ne toucherons même pas encore aux limites septentrionales du désert de Sahara.

Reprenons le texte de Pline; tous les faits se lient entre eux et se soutiennent mutuellement. « Les bois les plus proches (des solitudes de » l'Atlas), et qui sont remplis d'Éléphans, de » bêtes féroces et de serpens de toute espèce, » servent d'habitation à un peuple nommé Ca- » nariens, *Canarii*, parce qu'il se nourrit de » la chair de cet animal et des entrailles des » bêtes sauvages. Il est assez constant que cette » nation confine à celle des Éthiopiens, qu'on » appelle Pérorses, *Perorsi.* » (*Pline, ibidem.*) Comme ces peuples étoient sur les confins des pays où pénétra le Consul Romain, tâchons, d'après Pline lui-même, de connoître leurs posi-tions géographiques; cette détermination nous mènera à l'autre, et les contrées qu'arrose le Niger de Pline ne seront plus désormais ignorées. Si je viens à prouver que les Canariens et les Pérorses occupoient des contrées situées entre l'Atlas et le grand désert, le Niger de Pline, coulant dans le voisinage, ne pourra plus être le Niger des modernes ou le Joliba.

En terminant son exposition sommaire de la navigation de Polype (liv. V, ch. 1.), Pline observe que tous les autres écrivains s'accordent à placer l'Atlas sur les limites (méridionales) de la Mauritanie. Il puise dans le même historien la connoissance des différens peuples de cette province, et de ceux avec lesquels ils confinoient au midi. Les Éthiopiens Pérorses (1) viennent immédiatement après le fleuve *Salsus*. A leur dos sont les Pharusiens, *Pharusii*, ou les Phaurusiens de Ptolomée, contigus, d'un côté, aux Gétules Dares, *Gœtuli Darœ*, situés dans l'intérieur des terres, et d'un autre côté, ou vers les bords de l'Océan, avec les Éthiopiens Daratites, *Æthiopœ Daratitœ*, chez lesquels coule

____

(1) Ce mot est, suivant des auteurs, moins un nom propre qu'une épithète, venant du verbe *perordiri* ; de tous les peuples de l'Ethiopie, celui-ci étant le plus voisin de l'Europe, et le premier des Ethiopiens à partir de la Mauritanie.

le fleuve Bambotus, rempli de Crocodiles et d'Hippopotames.

. Discourant sur l'Éthiopie, chapitre huitième du même livre, il reproduit encore les Pérorses. « Quant au circuit intérieur de l'Afrique, et » vers le midi, par-delà les déserts qui les » séparent des Gétules, les premiers habitans » que l'on rencontre sont les Liby-Égyptiens, » *Liby-Ægyptii*; suivent les Éthiopiens blancs, » *Leucœthiopes*. Au-dessus d'eux, sont des » nations éthiopiennes : les Nigrites, *Nigritœ*, » ainsi nommés de leur fleuve (*Niger*); les » Gymnètes, *Gymnetes*; les Pharuses, *Pha-* » *rusi*; et près de l'Océan, *Oceanum attin-* » *gentes*, les Pérorses, *Perorsi*, que nous » avons dit être sur les confins de la Mauri- » tanie. » Il redonne encore aux Pérorses la même position dans le chapitre trentième du sixième livre.

Il est donc certain que ces Pérorses, de même que les Canariens situés dans leur voisinage, ainsi que les Pharuses et les Nigrites, possé-doient au sud des contrées adjacentes à l'Atlas ou à la Mauritanie, ou qui en étoient peu éloi-gnées. C'est donc dans ces régions qu'il faut placer le Niger de Pline.

Strabon, au livre dix-septième de sa Géographie, article *Mauritanie*, nous donne quelques moyens pour déterminer la situation des Pharusiens ou Pharuses, et des Nigrites ou Nigrètes. Il nous dit que ces peuples détruisirent les établissemens et un grand nombre de cités fondés par les Phéniciens dans cette partie de l'Afrique. Tinga, *Tinga*, petite ville peu distante du promontoire *Cotes* ou cap Spartel, ville qu'Artémodore nomme *Linga*, et Ératosthène *Lixus*, étoit, d'après les rapports, à trente jours de marche des Nigrites. Nous pouvons supposer, et c'est l'opinion commune, que Tinga répond à Tanger, ou du moins qu'elle étoit peu éloignée de l'emplacement qu'occupe cette ville moderne. Évaluons à sept lieues communes de France l'espace moyen parcouru par jour ; les trente journées de chemin pour aller de Tinga au pays des Nigrites feront 210 lieues ; réduisons cette quantité d'un cinquième, pour rapporter la courbe itinéraire à une ligne droite ou presque droite, nous aurons 168 lieues ou six degrés et environ 45 minutes d'un grand degré du cercle, Tanger étant, à très-peu de chose près, au 35ᵉ degré 47 minutes latitude nord, si les Nigrites étoient sous le même méridien, on les placeroit donc au 29ᵉ degré 2 minutes, ou dans la Darah ou Dras ; mais comme, suivant Ptolomée, et Pline l'insi-

auant d'ailleurs par l'ordre qu'il met dans l'énu-
mération des races éthiopiennes limitrophes de
la Mauritanie, les Nigrites devoient être un peu
plus reculés vers le levant, cette latitude sera
un peu plus septentrionale. Il s'ensuivra que les
Pharuses, plus occidentaux et plus méridionaux,
et que Strabon fait contigus aux Nigrites, auront habité le pays que nous eussions donné à
ces derniers s'ils eussent été sous le méridien
de Tanger; c'est-à-dire, qu'ils auront dû occu-
per le Darah méridional, ou s'étendre un peu
plus bas, vers cette partie du désert qui avoisine
les Monselmines. Les Nigrites remonteront plus
au nord, ou dans les provinces de Tafilet et
de Sisjilmessa (1). C'est là effectivement que
coule le Niger ou le Nigir de Ptolomée, d'où
ce peuple a pris son nom. Les Pérorses ayant
à leur dos les Pharuses, et se rapprochant des
bords de l'Océan, nous les trouverons un peu
plus au midi, en tirant à l'ouest, ou dans le
pays des Monselmines. On ne peut déterminer
d'une manière précise la position des Canariens;
mais l'on sait par Pline qu'ils devoient être près

____

(1) Ptolomée les place dans cette partie que tiennent
aujourd'hui les Menebbes Arabes, et dans la Matgara,
près des monts Ammer et Audamer.

des Pérorses. Les traits de conformité qu'ils avoient avec les habitans de l'île Canarie, *Canaria*, leur aura valu la même dénomination. Ce géographe (*liv. VI, ch.* 32) dit formellement que cette île avoit été ainsi appelée de la multitude des chiens extrêmement grands que l'on y voyoit. Shaw, dans son Voyage en Barbarie et au Levant (*tom. I, pag.* 168), rapporte que les habitans du district de Zaab mangent encore les chiens, tout comme faisoient les anciens *Canarii*, leurs prédécesseurs ; usage qu'avoient aussi les Carthaginois. L'auteur de la Géographie physique de la Mer Noire, etc. place les Pérorses sur les côtes de l'Océan, au delà de la Gambie et près de la Guinée.

A tant de preuves qui réfutent l'opinion de l'identité du Niger de Pline et du Niger des modernes, j'en ajouterai encore d'autres que me fournit cet historien. « Le sentiment » le plus vrai est celui qui sépare les deux » Éthiopies, en mettant entre elles les déserts de » l'Afrique. Ce sentiment étoit celui d'Homère, » qui le premier des écrivains divisa les Éthio-» piens en deux, les orientaux et les occiden-» taux. » (*Liv. V, chap.* 8.) Dans Ptolomée, ces divisions répondent : l'une, ou l'Éthiopie orientale, à l'Éthiopie sous l'Égypte ; l'autre, ou

l'Éthiopie occidentale, à la Libye intérieure,
Pline (*liv. V*, *chap.* 4) voulant faire connoître les peuples et les cités les plus remarquables de l'Afrique propre, et fixer les limites
de cette province, y comprend toute la Gétulie,
jusqu'au fleuve Niger, qui divise, dit-il, l'Afrique
de l'Éthiopie (la partie occidentale). Les Gétules s'étendoient au-dessous de la chaîne de
l'Atlas, au midi de la Mauritanie et de la Numidie, jusqu'aux Garamantes. C'est donc sur
les confins de leurs possessions et de la partie
septentrionale du désert de Sahara que rouloit
ses eaux le Niger, puisque son cours servoit de
bornes naturelles à la Gétulie et à l'Éthiopie
occidentale ou la Libye intérieure : ainsi, nous
le chercherions inutilement ailleurs que dans
le Biledulgérid, qui correspond à l'ancienne
Gétulie.

Dans le chapitre qui concerne l'Éthiopie
(*liv. V*, *ch.* 8), Pline nous offre quelques par-
ticularités sur le Niger. Sa nature est la même
que celle du Nil. On y trouve également le
calamus et le papyrus. Ses animaux sont aussi
les mêmes, et ses crues ont lieu à des époques
pareilles. Il prend sa source entre les Éthiopiens
Taréléens, *Tarelei*, et les Éthiopiens Œcalices,
Œcalicœ. Quelques-uns placent *Mavis*, ville de

ces derniers, dans des solitudes, et auprès d'eux
les Atlantes, *Atlantæ*. Par le chapitre 30e du
livre 6e, on voit que les OEcalices habitoient le
désert, et qu'ils n'étoient pas éloignés des Pharuses, puisqu'ils n'en étoient séparés que par la
distance de cinq jours de marche, suivant Da-
lion, auteur dont les Mémoires ont servi à l'historien latin. Ce passage, sans être très-précis,
nous fait cependant entendre que le Niger venoit
des contrées occidentales rapprochées de l'Atlas.
C'est aussi de la Mauritanie inférieure, ainsi
que je l'exposerai bientôt et plus au long, que
Pline fait sortir le Nil ; d'où nous concluerons
ensuite que c'est encore son Niger présenté sous
une dénomination différente.

Les rapports que l'on observe, soit pour les
productions naturelles, soit pour les inonda-
tions, entre le Niger et le Nil, ne prouvent rien
en faveur de ceux qui croient reconnoître le
Niger de Pline dans le Joliba ou le Niger de
notre temps. Strabon (*liv.* 17^c) avance, d'après
une opinion commune, que le Nil et les fleuves
de la Mauritanie se ressemblent à cet égard. Le
Me-Jerdah, ou le *Bagradas* des anciens, a, au
rapport de Shaw (*Voy. en Barb.*, tom. *I*,
pag. 184), les propriétés du Nil.

Voilà plus d'autorités et plus de raisonne-

mens qu'il n'en est besoin pour nous convaincre, 1° que le Niger de Pline étoit au nord de l'Afrique, entre l'Atlas et la Libye intérieure ou le grand désert ; 2° que le consul Suétone Paulin n'a point étendu ses conquêtes jusqu'au Niger des modernes. La mémoire de son expédition semble même s'être conservée dans ces parties septentrionales de l'Afrique. « Quelques histo-
» riens rapportent, dit Léon, dans son livre
» sixième de la description de l'Afrique, qu'un
» général romain étant parti avec son armée
» de la Mauritanie, s'empara de toute la Nu-
» midie ; que puis enfin, s'avançant au couchant,
» il bâtit une ville qu'il nomma Sigillumessa,
» comme étant sur les confins du territoire de
» Messa, et le sceau ou le terme de ses victoires.
» Par une corruption de noms, cette ville a
» commencé d'être appelée Segelmessa. » Or, c'est précisément dans ce canton que devoit être le Niger. Les données que nous avons ainsi acquises sur les positions de quelques anciens peuples limitrophes de la Mauritanie peuvent nous conduire, par une suite de rapports, à la détermination de quelques autres peuples et de quelques rivières ou fleuves de cette côte de l'Afrique. Il est, par exemple, bien vraisemblable que le *Daradus* de Ptolomée est le fleuve

Dorodus, l'*Aridus* de quelques anciennes cartes, et que son *Stachir* est la rivière d'Albach. Les Darades, *Daradæ*, ou les Éthiopiens Daratites de Polype, dont le pays étoit arrosé par le fleuve Bambotus, habitoient le long des côtes, dans l'espace intermédiaire. Le *Stachir* de Ptolomée pourroit bien être ce Bambotus. Nicolas Sanson, dans sa carte d'une partie du Biledulgérid, et où sont Tesset, Darha et Segelmessa, prolonge la chaîne de montagnes où naît cette rivière, qu'il appelle *Albus*, jusqu'au bord de l'Océan, où cette chaîne se termine par le cap *Metus*. De cette continuation de montagnes il fait naître au midi une autre rivière qu'il appelle *Equestris*, et qui se partage en deux avant son embouchure; la branche méridionale est son *Vitulorum marinorum fluvius*. Cette rivière paroît très-bien concorder avec le *fluvius Nia* de Ptolomée, et la désignation sous laquelle Sanson l'indique annonce quelque convenance avec le Bambotus de Polype, qu'il dit être plein de Crocodiles et d'Hippopotames. Mais cette rivière de N. Sanson ne se trouvant pas sur plusieurs bonnes cartes modernes, il est à présumer qu'elle est petite, et que la rivière d'Albach, ou le *Stachir* de Ptolomée, est plutôt le Bambotus. Le *Catharum promontorium* du géographe grec me

semble

semble dès-lors répondre au cap Métus de N. Sanson, qui doit être près de l'embouchure de la rivière précédente. Son *Hesperi Cornu* sera le cap Juby. Nous retrouverons le *Deorum currus mons* dans les montagnes qui séparent la nation des Monselmines de celle des Mongearts.

Continuant de suivre Ptolomée le long de cette côte, nous aboutirons aux plages qui avoisinent le Cap Bojador. Tel est le terme de ses connoissances géographiques et maritimes en cette partie de l'Afrique; tel a été aussi long-temps le nôtre. Les mêmes difficultés qui nous ont arrêté tant de siècles ont dû, à plus forte raison, offrir une barrière à la témérité des premiers navigateurs, et fixer aussi leurs courses, comme étant moins favorisés par une longue expérience, et privés des secours que la physique et l'astronomie ont donnés à la marine moderne.

Dans les considérations géographiques et accessoires que je viens d'exposer, qu'on ne voie, j'en supplie mes lecteurs, que des conjectures auxquelles mon sujet m'amenoit. Les notions que nous puisons dans les Anciens, à l'égard de ces peuples de l'Afrique, sont si imparfaites et souvent si discordantes, que d'Anville lui-même, avec toute sa pénétration et toute sa sagacité, peut-être n'eut pu ici rien asseoir de positif. En outre, les guerres que ces nations se sont faites dans tous les temps, ont dû entraîner dans leurs positions des changemens continuels. Il faudroit presque une Géographie pour chaque siècle.

Maintenant que faut-il entendre par le Niger de Pline ? Voilà l'objet de la discussion que nous allons établir dans cette seconde partie.

SECONDE PARTIE.

Du fleuve NIGER de Pline, ou du NIGIR de Ptolomée.

Nous ne pouvons refuser aux Grecs et aux Romains une grande instruction sur la Géographie des pays avec les peuples desquels ils avoient eu des relations habituelles. Mais en leur accordant ce juste tribut de notre estime, nous devons éviter un écueil opposé, celui de leur supposer plus de connoissances que ne le permettoit l'état des sciences Mathématiques, les bases de la Géographie, le défaut d'instrumens, des difficultés inhérentes à cette science, et souvent presque insurmontables, comme celles de franchir des montagnes inaccessibles de leur nature, ou

dont l'accès est défendu par des hommes coura-
geux qui y ont cherché un asyle contre des op-
presseurs; de pénétrer dans des contrées sauvages
qui ne tentent ni l'ambition, ni la cupidité; habitées par des nations pauvres et féroces, ayant
toujours les armes à la main, éloignées de tout
esprit de civilisation, parlant une langue tout-
à-fait inconnue : les obstacles qu'offrent encore les différences si grandes dans les tempé-
pératures des climats, obstacles même qu'aug-
mentoient les préjugés des Grecs et des Romains,
imbus de cette idée que la terre sous la zone
torride et sous la zone glaciale étoit inhabitable,
toutes ces difficultés, dis-je, et bien d'autres,
s'opposoient à un prompt accroissement de cette
masse d'observations et de faits qui servent de
fondement à la Géographie. Si, environnés de
tous les secours de l'Astronomie et de la Physique, nous sommes encore aujourd'hui dans
l'incertitude sur un grand nombre de positions,
si l'on rectifie même des fautes commises par
des hommes célèbres qui paroissoient avoir observé avec soin; si nos voyages dans les mêmes
pays se contredisent perpétuellement, est-il rai-
sonnable de croire que les Anciens auront mis
plus d'exactitude dans les déterminations qui
étoient soumises aux mêmes difficultés ?......

C'est dans la direction des chaînes de montagnes, dans l'indication des sources, du cours des fleuves et des rivières, que l'on doit s'attendre à trouver le plus d'erreurs. Souvent aussi ces erreurs dépendent-elles d'un vice principal, qu'il faut tâcher de découvrir, parce que cette solution une fois acquise, tous les défauts secondaires qui en dérivent seront connus.

Pour bien traiter le sujet que nous discutons, ayons recours à Ptolomée, et profitons de ses connoissances plus solides et plus détaillées que celles de Pline. Efforçons-nous, d'après notre propre conseil, de distinguer l'erreur principale qui affecte la carte de l'Afrique dressée sur ses déterminations géographiques, nous atteindrons plus promptement le but que nous nous sommes proposé.

C'est un fait avoué de tous les hommes instruits, que la plupart des positions locales données par les anciens géographes étoient, en majeure partie, établies plutôt sur des mesures itinéraires, soit terrestres, soit maritimes, que sur des observations astronomiques. Il s'en suit qu'il doit y avoir dans ces déterminations, celles principalement qui ont pour base des courses nautiques, des erreurs considérables. Car plus les côtes sont sinueuses, plus il étoit difficile, faute de boussole, de les bien orienter, d'en connoître les irrégularités, et de faire une réduction exacte des distances. La projection de la carte de l'Afrique ancienne de Ptolomée nous en fournit un exemple frappant. La côte septentrionale qui longe la Méditerranée et la côte qui après le détroit de Gibraltar se prolonge au Midi dans l'Océan atlantique, forment deux lignes, se coupant presque à angle droit. Les ports situés sur la première de ces côtes se trouvent à un ou deux degrés près sous le parallèle d'Alexandrie, et ceux des bords de l'Océan atlantique sont, à la même différence près, placés sous le méridien de *Tingis*, Tanger. L'Afrique propre, ou la partie orientale de la Barbarie, s'avance peu dans la Méditerranée. Le cap de Ptolomée le plus septentrional, *Hermœa extrema*, le cap Bon, est au 33ᵉ degré 36 minutes latitude nord, et Alexandrie au 31ᵉ degré. La différence en latitude ne seroit donc, suivant lui, que de 2 degrés 36 minutes, tandis qu'elle est de près de six degrés, Alexandrie étant au 31ᵉ degré 13 minutes, et le cap Bon, ou *Hermœa*, au 37ᵉ degré et quelques minutes. Le promontoire *Cotes*, ou le cap Spartel, est presque d'un degré plus au midi que le précédent, et dans

Ptolomée, au contraire, il est porté en avant de plus de deux degrés, puisqu'il le place au 55e degré 56 minutes. La côte occidentale, qui du cap Spartel au cap Blanc s'incline toujours de plus en plus vers l'ouest, et forme une courbe grande et sinueuse, descend, dans Ptolomée, presque perpendiculairement, étant, comme nous l'avons dit plus haut, à un ou deux degrés près sous le même méridien. A commencer au promontoire *Arsinarium*, cette côte s'incline à l'est, et dessine faussement un très-grand golphe. On doit sentir combien des erreurs aussi importantes en ont dû produire d'autres dans le détail, et combien elles ont dû influer sur la détermination des longitudes et des latitudes. Pour ne pas nous écarter de notre sujet, nous nous bornerons à faire connoître les altérations qui s'en sont suivies à l'égard des rivières *Nigir* et *Gir* de Ptolomée.

Dès qu'on eut pris une fois le Niger de Pline pour notre Niger ou le Joliba, on devoit naturellement reconnoître la même rivière dans le Nigir de Ptolomée. On a été plus loin. Le géographe grec ayant indiqué avec détail le cours de son Nigir, les villes qu'il arrose, les peuples des contrées qu'il parcourt, on a voulu rectifier, en quelque sorte, nos cartes d'après les siennes, et on s'est donné beaucoup de peine pour retrouver la position de ces villes et de ces nations.

On convient donc de l'identité du Niger de Pline et du Nigir de Ptolomée. S'il y avoit encore des doutes à ce sujet, il seroit aisé de les détruire par l'inspection de la carte de l'Afrique générale du dernier. Pline, il est vrai, n'a presque rien dit du cours de son Niger, et il ne fait point mention des établissemens qu'on avoit formés sur ses rives ; mais nous avons vu qu'il avoit parlé de quelques peuples, tels que les Pérorses, les Pharuses, etc., situés dans les pays adjacens au Niger. Ptolomée nous présente la même correspondance. Son Nigir sépare aussi la Gétulie de la Libye intérieure et de l'Éthiopie occidentale. Ayant prouvé, à ce qu'il me semble, que le Niger du géographe latin n'est pas le Niger moderne, il faut déduire une conséquence semblable relativement au Nigir du géographe grec.

On auroit pu voir que ce Nigir et ses rivières tributaires descendent aussi de l'Atlas ou de quelques - uns de ses rameaux ; que Ptolomée fait couler le Nigir un peu avant le parallèle des îles Fortunées ou Canaries. C'étoit donc dans cette partie de l'Afrique située immédiatement au-dessous de l'Atlas qu'on devoit le chercher.

Qu'on me permette cette réflexion que je crois juste. D'une part on donne à Ptolomée des connoissances que probablement il n'avoit pu acquérir; d'autre part on lui en refuse qu'il devoit posséder. Car, supposons que le Nigir soit le Niger, 1°, il y aura dans sa carte de l'Afrique une grande lacune. L'intérieur de la Gétulie, les nations situées à son couchant, cette partie de la Libye intérieure qui répond au grand désert lui auront été presque inconnus, quoique les relations des peuples de la Mauritanie, de la Numidie et de l'Afrique propre, avec les habitans de ces contrées, que Ptolomée auroit passées sous silence, eussent dû procurer naturellement à cet égard des instructions même étendues. 2°. Ce géographe au contraire aura eu d'assez bons mémoires sur des pays barbares très-éloignés des colonies grecques et romaines; il aura eu, ce qui est plus incroyable, des connoissances sur cette portion de l'Afrique qui s'étend au midi du Sénégal et du Joliba, puisque sa Libye intérieure, dont il énumère les peuplades, les montagnes, sera rejetée au delà; les Éthiopiens Agisymbes, *Agisymba regio*, la nation la plus méridionale, seroient portés plus loin que la ligne, et dans ces climats brûlans, où les voyageurs les plus intrépides n'ont pu encore pénétrer. Telles sont les conséquences qui résultent de cette supposition. Nous allons voir que, dans notre sentiment, les lumières de Ptolomée sont plus conformes à la marche de l'esprit humain. Il a connu ce qu'il étoit possible de savoir, et ignoré ce qui devoit être caché pour son siècle.

Du revers méridional du mont Atlas, entre les neuvième et sixième degrés de longitude occidentale (méridien de Paris), sortent quatre rivières principales ; le Dras ou Darah (Wad drah, *Atlas de Pinkerton*), la rivière de Tafilet, le Ziz et le Ghir. Ces quatre rivières, les trois dernières principalement, sont tellement rapprochées à leur naissance, que des sources de la première ou du Darah aux sources de la dernière ou du Ghir, la distance n'est environ que de soixante lieues communes. La convergence de leurs cours supérieurs devient encore plus sensible, en ce que des torrens ou de petites rivières remplissent plusieurs des espaces intermédiaires. Ces quatre rivières principales, parvenues aux confins du grand désert, se perdent dans autant de lacs particuliers. Qu'on examine sur la carte de l'Afrique de Ptolomée la place qu'il assigne à son fleuve Nigir, la correspondance de cette position avec celles des pays adjacens et connus, tels que la Gétulie, la Mauritanie, les contrées habitées par les Darades, les Phaurusiens ou Pharuses, et on sera forcé de placer l'origine du Nigir dans les provinces de Tafilet et de Sisjilmessa, arrosées, la première par la rivière du même nom, et la seconde par le Ziz et le Ghir. Ces rivières doivent donc, comme étant les seules qui parcourent ces provinces, représenter le cours supérieur du Nigir. Mais, me direz-vous, ce sont trois rivières distinctes, et dans la Carte de Ptolomée on n'en voit qu'une qui va se terminer bien au delà, au *Lybia Palus*. J'expliquerai plus bas ce prolongement à l'est, ou le cours inférieur du Nigir. Il s'agit maintenant de voir comment ce Géographe a composé son cours supérieur.

Observez d'abord que ce Nigir est formé de la réunion de plusieurs rivières. Il en reçoit deux qui paroissent venir du midi ou de la Libye intérieure; la plus occidentale et la plus courte se termine près d'*Anygath*; l'autre, ou l'orientale, part du mont *Thala*. Le pays, où le Nigir a son cours principal, devant être beaucoup plus élevé, à raison de sa proximité de l'Atlas, que les contrées inférieures ou celles qui touchent au grand Désert, on ne peut pas supposer que ces rivières méridionales viennent tomber dans le Nigir ; elles doivent plutôt descendre et finir par se perdre. Sans parler du *Lybia Palus* dont nous ferons connoître la correspondance, Ptolomée indique en cette partie de l'Afrique deux lacs : le *Nigrites Palus*, près des sources du Nigir, et celui qu'il met chez les Phaurusiens, et dans lequel passe son fleuve *Stachir*. Nous pensons que ce dernier lac est celui où s'écoule le Darah, rivière que ce Géographe a ignorée, ou qu'il a peut-être réunie à son Stachir, dont il allonge trop le cours. La rivière de Tafilet, celles qu'on nomme Ziz et Ghir étant, comme nous l'avons dit plus haut, très-rapprochées vers leur origine, auront été confondues en une seule ; et tel est le Nigir de Ptolomée, pris dans son cours supérieur. Il commence par la rivière de Tafilet, et le *Nigrites Palus* est le lac dans lequel elle se perd ; le Ziz est cette branche du Nigir que Ptolomée fait naître au mont *Sagapola*, division de l'Atlas, et qu'il termine un peu plus bas qu'*Anygath* ; on sait que cette rivière, avant que de former le lac Tebelbet, passe à Su-gahila, peut-être cet *Anygath*. Le Ghir verse ses eaux dans le lac Beni-Gomi ; Ptolomée, au lieu de couper son Nigir après *Thige*, de faire remonter la portion orientale disjointe au nord-ouest, vers *Thalubath*, *Malachath* (Mazalig !), aura réuni le Ziz et le Ghir ; et cette rivière qui part au midi du mont *Thala* ne sera que le Ghir inférieur, se perdant dans le lac Beni-Gomi.

Expliquons maintenant de quelle manière ce Géographe a formé le cours inférieur du Nigir. Nous avons remarqué l'erreur qu'il a commise par rapport à l'inclinaison de l'Afrique propre, qu'il n'a pas assez avancée au nord, et cette erreur est de plus de trois degrés. Pour accorder ses mesures, il a dû reculer vers le midi, et d'autant de degrés toutes les positions. La rivière du Chevreau, l'Adje-Dee ou le Wad-Jiddi, est donc descendue plus bas et sous le parallèle des rivières dont Ptolomée a composé son Nigir. Il en est résulté une autre confusion ; le Wad-Jiddi a été combiné avec le Nigir, dont il forme le cours inférieur. Sur ses bords doivent être placées les villes *Panagra*, *Dudum* de Ptolomée (1). Sa montagne *Usargala* doit répondre aux monts Ammer et

____

(1) Il prolonge trop le cours du *Bagradas* et celui du *Cyniphus* ; il paroît réunir le dernier au torrent nommé Wadi-Ouaham, qui passe près de Zouylah.

Loweti, et le *Lybia Palus* au lac Melgig. J'avois ébauché cette explication de la formation du Nigir dans un traité de Géographie ancienne, imprimé à la suite de l'abrégé de la Géographie de Pinkerton, seconde édition.

Nous pouvons dès-lors présumer que le *Gir* de Ptolomée qui passe dans la contrée des Garamantes est formé en grande partie du torrent de Mezzerant, dans la partie du désert au-dessous du Fezzan, et chez les Touarik. Il le conduit jusqu'au Dar-Bornou, et le réunit à quelque autre rivière, au Wad-el-Gazel, probablement. Son *Nuba palus* paroît bien être le lac salé de Dumboo, et son *Chelonides palus* un autre lac situé dans le Kawar. Shaw a soupçonné que le Wad-Jiddi représente le Gir ; mais la position de *Capsa* et des sources du *Bagradas* me paroissent contrarier ce sentiment.

Les réflexions suivantes semblent même convertir cette présomption en une certitude. La partie orientale de l'Afrique ayant dû être mieux connue de Ptolomée que l'occidentale, leurs véritables relations géographiques ont dû être interrompues. L'Afrique propre est surtout très-fautive, et ce vice est l'effet de l'inexactitude des mesures itinéraires, de la difficulté de les accorder pour en établir une moyenne, et d'une réduction erronée des courbures. Il est impossible de mettre le Fezzan ailleurs que dans cette portion de la Libye déserte, que ce géographe renferme entre les monts *Chuzambari* et *Girgeris* ou Egrés (1), et dans la Bifurcation de son fleuve *Cyniphus*. Or ces monts *Girgeris* sont placés par ce géographe à la même latitude que la source du *Bagradas* ou Me-Jerdah ; c'est-à-dire dix degrés trop bas. Le Gir de Ptolomée a été conséquemment transporté sous le parallèle du Nigir, ou même un peu plus haut. Descendons le lac Melgig, *Lybia palus*, vers le 24ᵉ ou 25ᵉ degré de latitude nord, et vers le 5ᵉ degré de longitude orientale, nous rétablirons alors entre ce lac et le torrent de Mezzerant ou le Gir de Ptolomée, les rapports de situation qu'il suppose exister entre eux.

Toutes ces conjectures, il est vrai, sont établies sur un grand bouleversement d'idées géographiques ; mais il est prouvé que ces dérangemens sont réels. Il falloit bien concilier Ptolomée avec lui-même ; les erreurs que je lui prête sont d'ailleurs moins les siennes que celles de son temps ; et dans l'opinion contraire elles sont bien plus déraisonnables.

____

(1) Carte de l'Afrique septentrionale, dressée par le Major Rennel ; *Voyages de M.* Hornemann.

« Cette explication en amène une autre qui peut éclaircir un point historique. Une opinion très-ancienne faisoit venir le Nil des contrées occidentales de l'Afrique. Hérodote (*livre second*) ne paroît pas en douter. Strabon (*livre dix-septième*) dit aussi que des auteurs placent son origine aux extrémités de la Mauritanie. Mais Pline (*livre cinquième, chapitre neuvième.*) développe beaucoup plus que tous les autres cette tradition.

« D'après les informations que le roi Juba
» put faire, il résulte que le Nil prend sa source
» dans une montagne de la Mauritanie infé-
» rieure, à peu de distance de l'Océan, dans
» un lac qui se forme subitement, et qu'on a
» nommé *Nilide*. On trouve dans ce lac les
» poissons *alabète, coracin, silure,* et même
» le *crocodile*; témoin celui que Juba dédia
» dans le temple d'Isis, à Césarée, et qu'on
» y voit aujourd'hui. On a aussi observé que les
» crues du Nil sont plus ou moins fortes, selon
» qu'il tombe plus ou moins de pluies ou de neiges
» dans la Mauritanie. Au sortir de ce lac, in-
» digné de ne rencontrer que des sables et des
» lieux incultes, il dérobe son cours à nos yeux
» l'espace de quelques journées de chemin.
» Bientôt il sort d'un autre lac, mais plus grand,

» chez la nation des Massæsyles, *Massœsyles,*
» dans la Mauritanie ; se reproduisant dès qu'il
» trouve des réunions d'hommes, et offrant
» encore alors les mêmes animaux qu'aupara-
» vant. Il s'abîme encore de nouveau sous les
» sables du désert l'espace de vingt jours de
» marche, jusqu'aux Éthiopiens les plus pro-
» ches ; mais, recommençant à sentir la pré-
» sence de l'homme, il jaillit d'une source qui,
» suivant les apparences, est celle qu'on a nom-
» mée *Nigris.* De là, séparant l'Afrique de
» l'Éthiopie, sans couler cependant dans des
» contrées habitées, mais arrosant des pays
» abondant en bêtes féroces et indomptables,
» chargés de forêts, il partage l'Éthiopie en
» deux, et s'appelle *Astapus.* » Je vois dans
le Nigir et le Gir de Ptolomée le Niger de Pline,
cette branche et cette origine supposées du Nil,
présentés sous d'autres noms, mais ayant les
mêmes rapports.

Le géographe Pomponius Méla (*livre troi-*
sième, chapitre neuvième) met aussi sur les
confins des Éthiopiens occidentaux (1) la source

---

(1) Il place sur la côte les îles Gorgades ou Gorgones,
et près de là le cap *Hesperu Ceras,* l'*Hesperi Cornu*
de Ptolomée. La relation du Capitaine Hannon ne parle

du

du Nil, et il dit que les habitans du lieu l'appellent *Nuchul*. Il le dirige également de l'ouest à l'est, et, à l'exemple de Pline, il le fait disparoître et reparoître. On y trouve le papyrus, des animaux plus petits que ceux que le Nil produit dans son cours inférieur, mais de la même nature. Pomponius Méla confirme notre sentiment à l'égard de la situation des Pharuses et des Nigrites, en les plaçant sous le parallèle des îles Fortunées et dans les pays qui avoisinent l'Atlas.

Æthicus présente aussi les mêmes anciennes idées sur cette origine supposée du Nil. Les Barbares nomment cette source *Dara*, et les autres habitans *Nuchul*. Les Darades de Ptolomée n'étoient pas loin des sources du Nigir, et cette conformité dans les dénominations prouve encore plus ce que nous avons avancé à ce sujet.

Le *Ger*, dans l'anonyme de Ravenne, traverse l'Éthiopie *Biblobatis* et la Mauritanie des salines, ou *Perosis*. Il répond probablement au Nigir et au Gir de Ptolomée. Cette confusion

---

que d'une seule île et qui étoit située près du cap *Notu-Ceras*, plus au midi que l'autre. Pline a commencé cette confusion.

des rivières du Biledulgérid, ce cours du Gir, tel qu'on le voit dans Ptolomée, se sont perpétués dans un très-grand nombre de cartes anciennes, telles que celles de Mercator, d'Hondius, de Dapper, etc.

Puissent ces observations répandre de la lumière sur une question de géographie ancienne aussi importante que difficile! tant d'autres y ont échoué, peut-être aurai-je le même sort; mais ces considérations sont neuves, et elles me paroissent s'accorder, du moins en général, avec les principes de M. Gosselin, relatifs à l'état ancien de l'Afrique. A force d'envisager la matière sous des aspects différens, il sera possible de saisir enfin le bon côté.

FIN.